AF451301

a cura di

EMILIA DENTE

Maelstrom
negli abissi dell'anima

Antologia poetica

INDICE

È un fenomeno particolare il maelstrom. È il vortice generato dallo scontro di fortissime correnti marine, è un gorgo che trascina e inabissa nel baratro delle profondità oceaniche tutto ciò che si trova sul suo percorso. Scuote le acque il maelstrom e le abbraccia nel suo soffocante vorticare.

E così, nella liquida traccia segnata da questi autori nei loro versi, il mare tempestoso diviene metafora e cornice del loro intenso sentire. Le onde burrascose e scure, il mare, con i suoi misteri e i suoi abissi, divengono, nella distesa fluttuante dei versi, l'inquieta trama su cui gli autori ricamano le loro emozioni, poiché, come rivela la poetessa Carolina Montuori: «il mare è il più grande custode delle poesie del mondo».

Nel riflesso opaco delle acque dell'anima, il viaggio periglioso dei naufraghi poeti si racconta nel sussurro dei versi, in immagini velate e vivide come quelle del poeta Stefano Focaccio che afferma: «ho traversato mare in burrasca / notti di acqua e di vento ... dove il buio del cielo, / si mischia / al mare infinito, / in quel nero assoluto / io ho navigato». O ancora, nei versi suadenti di Martina Paparusso, che riconosce: «siamo onde che si cercano nel mare» evocando, in una significativa metafora, il viaggio insidioso e infinito attraverso le distese immense della vita.

Nello scorrere delle parole poetiche, nell'armonia e nel fragore dei flutti che si infrangono sugli scogli dei giorni vissuti, si racconta il viaggio dell'essere che attraversa l'anima e si immerge nel gorgo dei sentimenti dove incontra se stesso, l'altro e Dio. Nell'uragano delle parole poetiche gli autori esplorano la voragine delle emozioni che tormentano l'anima, si interrogano sul senso dell'esistenza propria e altrui, attraversano piogge ed arcobaleni, burrasche e cieli grigi, esprimendo molto spesso il malessere e la fatica dell'umano esistere. «Malato è il giardino che ho dentro / febbricitante / nel suo groviglio di fiori», in una immagine delicata e profonda rivela Stefano Giuseppe Scarcella.

Nell' insidioso viaggio, nella spirale audace e sincera che solo la poesia sa creare, si scandaglia l'essere nella sua fragilità e nella luminosità di cui è capace, nella sua mediocrità e nella sua immensità. Nude creature nel fragile chiaroscuro della propria anima, i poeti si specchiano nei liquidi versi e si riflettono nella loro fragilità, come rivela Daniele Dalla Costa in un sospiro sincero: «gli occhi mi ha aperto trascorrendo / il mio tempo / mostrandomi nudo / e in miseria riflesso».

Negli abissi dell'anima si incontra l'altro, il diverso, la persona amata, la persona sognata, e con lei si intrecciano riflessioni silenziose e fecondi sguardi da cui germogliano emozioni. A volte poi si incontrano figure eteree dai contorni sfumati, profili indefiniti che divengono vivi e veri solo nel ritratto poetico e si tingono con pennellate ambrate, come avviene nelle liriche del poeta Nicola Anaclerio che sospira: «Lentamente riaffiori / come da un sonno di cera / e mi sorridi sospesa / in un incerto bagliore / al mio amore ormai arresa».

Spesso, molto spesso, nei gorghi dell'anima, si annida la sofferenza, propria e degli altri, e la voce poetica allora diviene urlo sottile, eco tuonante inciso sulla pelle dalle lame infette della verità e trema la voce e la mano nelle riflessioni amare, come quella di Nicola Cordioli che nei versi sussurra: «Tremo / come il vascello in balìa della procella / e tremerò finché anche l'ultimo disperato / di quelli che scappano via non sarà salvato / Salvato dalle onde e dai numeri neri / morti veri / della cruda statistica / che anche stanotte li vuole a mare / nelle urla della burrasca / che a volte vince e fa naufragare».

Si annida il dolore nella poesia, e a volte è un canto pietoso, come la leggera carezza ad Aylan di Nicola Anaclerio, a volte è il tormentato velo che vuole riscaldare e proteggere tante innocenti vittime di questa cieca e assurda società dell'indifferenza, sempre nella consapevolezza che «Verranno a chiederci conto / chiusi nelle nostre gabbie di ferro e cemento / mentre dormiamo un sonno di piombo / senza né sogni o un tormento».

Squarcia i pensieri il dolore e apre cicatrici sanguinanti nei labirinti della mente, come il grido inquieto di Elena Cardona.

E infine, negli abissi dell'anima, nel gorgo caldo del cuore si incontra la speranza, si sostanzia la fede, si sfiora Dio in un incontro e in un dialogo sincero impastato di tenerezza e fiducia, ma pure di smarrimento e di abbandono come nei versi di Matteo Trono: «Mi chiedo – Dio / Se tu non sia nient'altro che / Qualche frammento ricomposto d'io».

Dagli abissi dell'anima riemergono infine i poeti, purificati dallo stesso tormentato viaggio introspettivo, rasserenati dalla catarsi delle parole: «noi poeti ce ne andiamo quando / le belle poesie restano a pacificare la vita» afferma uno degli autori, Stefano Giuseppe Scarcella, affidando alla poesia un messaggio di speranza e armonia e lasciando intravedere la poesia come faro nelle tempeste dell'anima, mentre altri autori, lasciano scorrere i sentimenti come rivoli d'acqua pura, tortuosi, e tenaci. Essi trovano nuove strade al flusso impetuoso dello spirito, lasciandoli liberi nell'orizzonte dei sensi e ricomponendoli nelle distese verdeggianti della Vita, e lasciando infine, negli azzurri ed impetuosi versi, un'eredità di coraggio, con l'inquieta saggezza del poeta Cesare Amadei: «In questo mare / di errori nostri e altrui / figlio mio, dovrai/ imparare a giocare ... ciò che conta, alla fine / di ogni viaggio è / aver avuto le mani / sempre piene di terra / di mare / di coraggio». Nella consapevolezza audace che, in fondo, il mare, con le sue profondità e le sue tempeste, è il riflesso torbido dell'animo e che, in fondo, pure solo aggrappati a pezzi di galleggiante speranza, come sussurra il poeta Davide Caputa: «Di fronte alla sua immensità / È fondamentale / Avere un sogno / Che valga la traversata».

Emilia Dente

Primofiore
di Carolina Montuori

Nata a Napoli nel 1990, **Carolina Montuori** si è laureata in Filosofia presso l'Università degli Studi "Federico" II. Educatrice e insegnante, è autrice di recensioni ed articoli culturali su riviste nazionali che mettono in risalto l'impegno delle donne nel campo della cultura. La sua passione per il mondo delle parole approda nella poesia: questa è la sua prima pubblicazione.

Incanto

15

Divina
è la lentezza
dei poveri
uccellini
nel becco
fili d'erba
pagliuzza
bastoncini
in sogno
una ricchezza:
un nido
fra i giardini.

Primofiore

Ridi
come le mani
che ruban
tra i rami i limoni
di marzo.

Cura

I poeti lasciano le loro perle in mare,
ma non sanno dove andranno,
forse negli infiniti fondali sconosciuti.
Si poseranno sui rossi coralli
o tramuteranno
in lucidi orecchini di stella marina.
Non sono fatti per esser ripescati
i versi.
Il mare è il gran custode
della poesia del mondo.

La donna del letto accanto

Chino i miei occhi antichi,
m'inchino alla ruga.
Mi specchio
nel suo letto di fiume
dove la saggezza
si posa,
riposa serena.

La confessione del pescatore

Lei e lui
barca e pescatore
soli e stanchi
dimorano in mare.
Lui,
il viso solcato
da sazi giorni
di Sole.
Lei,
l'umida schiena
disegnata
dal sale.
Ogni notte
il mare culla
e scruta il pescatore,
coperto
da un manto di stelle.
Ogni notte
punta l'amo al cielo
prova a pescare
la più bella,
per chiedere la mano
alla sua barca
fedele.

L'ultima canzone

Un uomo vide il mare,
aveva in cuore
una canzone,
che suonava
le vene accordate
e affrante.
Parlava d'amore,
di una dolce
notte di Luna.
Gridò in sogno
un nome di donna.
Udì soltanto
il mare.

Aura

Non è altro
che il risveglio
della coscienza
o meglio
la crisi del vero,
in cui a poco
a poco si dimenano,
in uno spettacolo
tetro, inquiete
e incolumi
folli luci
come vili vermi
di quella polpa
cerebrale sfatta,
spremuta, che ha
taciuto una lunga notte,
stretta e cullata
nelle pieghe neuronali,
in cui le stelle,
infelici e inferme
sono collassate.
È il cuore
escluso

che sale alla mente
come un barbaro
abbandonato
o meglio
una donna tradita,
che tormenta i timpani
con una cantilena
ripetitiva e scordata,
come un treno impazzito
che deraglia sui nervi,
che tirano e spezzano
i denti, un tempo
campanelle suonanti
di sorrisi belli, ora
marionette stonate
senza autore.
È il cuore deluso
che esplode in un torrente
incurante di verità
scomode e antiche, dannato
mentre scorre strillando
il potere della vita
sul pensiero.

I poeti non sono soli

23

Il fiato di un poeta
mi genera poesia,
soltanto se l'ho intesa
e se ha voluto
farsi intendere.
Nasce così
glorioso
sincrono
un abbraccio
di sole parole.

Che cos'è l'amore?

Accade
che il mondo
torni indietro
al primo giorno sereno.
L'amore non è altro
che il ricordo
del primo giorno di vita felice.
Accade
che due cuori si sfiorino,
in un attimo nasce
un solo respiro,
due occhi si cercano
nel chiasmo di un bacio.
Che cos'è l'amore?
Distanza fra carezza
e addio.

Iridi di fiordaliso

Disperavi
nel buio
uno sguardo poi,
chiamandoti
ti ha salvato.
Non è guardando dentro
il proprio universo
che ci si salva,
ma in quello di un altro.

Rosso al tramonto
di Daniele Dalla Costa

Vicentino, **Daniele Dalla Costa** compie i suoi studi in ambito artistico e musicale. Come compositore ha vinto vari premi tra i quali, nel 2000, il premio speciale della giuria Terenzio Zardini, quale miglior direttore di coro. In ambito letterario *è stato* finalista, con menzione di merito, nel Premio Letterario "Giglio Blu" di Firenze 2019; finalista con attestato di merito al 10° concorso nazionale "Poesie d'Amore" di Torino nel 2019. Sue poesie sono pubblicate nell'antologia del premio letterario Francesco Moro - Sartirana Lomellina 2004, nell'antologia del premio letterario Olympia - Città di Montegrotto Terme 2004 e nella rivista trimestrale d'Arte e cultura di Roma. Svolge attività di didattica e insegnamento nella scuola pubblica con alunni disabili.

Come acqua sulla pelle

Con distacco osservo il mondo
che appena mi sfiora
ne colgo indifferente i colori e attendo
attendo da sempre che accada qualcosa

mentre scivola come acqua sulla pelle
ciò che mi succede intorno

Rabbioso su me riverso tutta la mia violenza
rilevo nel corpo il tremore mentre soffoco
e godendone assaporo la sua fragilità

mentre scivola come acqua sulla pelle
senza tempo la mia vita

Mi sfugge dalle mani il tempo della vita
e come ciò che non è trattenuto
per sempre scivola
e scorre come acqua sulla pelle
il tempo della vita

il tempo della mia vita
senza più tempo

Come ghiaccio sottile

Effimere
come ghiaccio sottile
su limpida acqua che scorre
sospese

Attraversate dalla luna

Troppo fragili per durare
le mie parole

E rade
come d'inverno sui rami

Attendono il vento

Come già morti

Uscire dalla competizione
Spostare l'attenzione
Allontanarsi lentamente
Rimuovere poco a poco ogni sentimento
Sciogliere ogni legame
Evitare di muoversi per non fare rumore
Cancellare ogni traccia
Farsi eremita
Degenerare
Amputarsi fino a scomparire
Marcire
…
Non voglio combattere
io non so lottare
mi manca l'istinto
non ne sono capace
io so solo esistere
e tanto mi basta
…
come già morti
si nasce

Incubi

Paure nascoste mi scuotono
mi infrangono antichi incubi
tornano oscure le mie tempeste

Più volte ripercorro la stessa pellicola
fino a dissolvere

Ma restano
l'angoscia e il risveglio

Nell'ultimo istante

Perenne
ha la morte
lo stesso viso
che negli occhi tuoi
vedo riflesso

Mentre esausta
il tuo corpo
la vita lascia
io sono con te
per darti il mio respiro

Ora vai
va con lei
io sono qui per accompagnarti
nell'ultimo istante
prima di spiccare il volo

Rosso al tramonto

34

Rosso al tramonto
il mio sole

gli occhi mi ha aperto trascorrendo
il mio tempo

mostrandomi nudo
e in miseria riflesso

ormai
è tempo di mietitura

Specchio

35

Spirito di adattamento
istinto di conservazione e circostanze
mi costringono a sopravvivere

E mi specchio
mi specchio al di là del limite
ma oltre non sono

Evito lo sguardo e mi nascondo
per non deludermi

E mi perseguita
mi perseguita questa mia mediocrità

Ultimo viaggio

Il tuo abbraccio
strano sapore quel saluto
rassegnazione
ultimo saluto
ultimo abbraccio

Ti chiedo in dono
sul tuo volto
quel meraviglioso sorriso da scolpire
un ultimo sorriso
e ti auguro un buon viaggio

Cosa resta di noi
di Stefano Giuseppe Scarcella

Stefano Giuseppe Scarcella (Gallipoli, 1979) vive e lavora a Melissano (Lecce), nel cuore del Salento. Si diploma al liceo artistico e si appassiona agli studi filosofici.

Ha pubblicato diversi fascicoli e volumi di poesia, tra i quali: *Fior di melissa tra i sassi della vita* (2005); *Ric(hi)ami di stelle* (2012, Gruppo Editoriale L'Espresso S.p.A.); *Dove l'inferno è più inferno* (2015, Gruppo Editoriale L'Espresso S.p.A.); *Nel sacramento del silenzio* (2017, GEDI Gruppo Editoriale S.p.A.); *Sul mio corpo che trema* (giugno 2019, Aletti Editore).

Tra i numerosi riconoscimenti ottenuti, negli ultimi tre anni, vanta il primo posto al III Premio Internazionale *Salvatore Quasimodo* (Tivoli, 17 dicembre 2017) e l'oro al II Premio Internazionale di Poesia *Il Paese della Poesia* di Rocca Imperiale (Cosenza 2019).

Cosa resta di noi

C'è un deserto tra le mie stradine ruvide
ad infettare tutto l'universo

Solo il porticciolo frangibile del silenzio
raccoglie come patria le grandi anime

In questo spiccio soggiorno vista mare
ci danno appuntamento le parole

e noi, noi poeti ce ne andiamo quando
le belle poesie restano a pacificare la vita

Col presente e l'infinito

Ho l'eterno, sul palmo della mano
l'addormento caldo sul tuo cuore,
a lungo, fino al bastone di vecchiaia

Non posso temére questo secondo
se il cielo bacio perpetuo,
tela immortale al rondò di gabbiano

Reggo il filo, delicato, di ogni amore
tutti lo tessono a ragno, nel vuoto,
leggerezza del mio tempo che finisce

L'attimo mi si congiunge al respiro
solenne pennellata d'artista,
ho l'eterno, l'infinito, e non son vinto

Lassù

Il mio corpo
è guscio di noce verde
fissata al ramo

Sull'albero
gusta tramonti
che altri non vedono

Mentre l'umanità
sopravvive e grida laggiù
la pesantezza del sogno dei vivi

Sul mio corpo che trema

Si spoglia il mondo della quiete antica
mentr'esplodono le gemme,
indifferenti,
sul corpo dei mandorli

Le mie orecchie
si moltiplicano sulla mia pelle,
prima dieci poi cento e migliaia,
come vibrazioni di tamburo sotto i piedi

Le percepisco tutte, integre e dappertutto

Sospendo in aria il mio ragazzino
che sorride alla libertà
e mi rimane l'infinito, l'infinito
quest'attimo forse eterno

e una poesia

Cielo di viole

Malato è il giardino che ho dentro,
febbricitante
nel suo groviglio di fiori

nessuno può masticare
questi raggi di sole arricciati

Aspetto un misero cielo di viole

la quiete fresca della notte
che sa contarmi i fiori gialli
dell'unica ginestra del mio quartiere

È nel vuoto di questi fronzoli
che ti ritrovo, ombra di lampione,
a far la guerra alle mie illusioni

Mio Eterno fragile

I miei pensieri oggi hanno un colore
sento il profumo furioso della tua anima

una pacca su ogni spalla delle tue emozioni

Come murales grido il mio bisogno alla città
stucco le feritoie della vita
e imbianco il disordine che ho dentro

non resisto al muro della mia coscienza

Fotografato su questo intonaco
consumo una vita, affacciato sulla strada
sognando di scrivere l'unica poesia

che di eterno ha solo una lacrima

Miracoli e giacinti

Mi appartiene la follia degli oleandri
che mai s'arrendono all'ultimo gelo

questo bisogno balsamico
d'una morte a me stesso

e questa fede incompleta difettosa
a comandare protezione umana
e un miracolo come pegno

Mi appartiene la resa, una disfatta
e questa manovra di smottamento

poi il sole, l'amore, la luce
la stanchezza di dio,
questa vita tanto lunga così corta
profumata stirata riordinata

e i giacinti d'Oriente, azzurrognoli
che divorano un cielo, uno stormo
noncuranti se saranno utili
a questo universo, oppure no

Dove ho steso un corpo fragile

Nella notte che portavo con me
ho riparato il cielo dell'anima

quanto sudore, quasi un castigo

Il vento non è più rasposo
sulla faccia sgretolata
come vecchia inferriata

Ora strappo grazie ovunque,
da chiunque

e solo questa panchina umidiccia
mi fa uomo dei grandi spazi
e dell'alto mare

Dove l'acqua ha calmierato
la sua ira
o si è arresa al calore

lì ho steso un corpo fragile
con la certezza
di essermi salvato, di non esser solo

Sfioritura

Le margherite a punta rosea
avevano riposto sicurezza
nei giorni di questo mondo

Poi arrivò la solitudine
nell'ora del vento,
la mestizia degli abbandoni

il sole che mai, mai
era stato tutto per loro,
il cielo suonare a mani vuote

Coi petali a sporcarsi la vita
a renderli perfetti soltanto il dolore

La carezza della distanza

Sfinito
dalla mia vita sfinita
raccolgo le ali, ripiego il presente

Risalgo adesso il tuo corpo
ed è come risorgermi
non vedo il tuo volto, contorni di cielo

Pastone di saliva e sudore
queste parole che ho amato da giorni
ora di carne, ora di miele d'inezia

Ma non lo vedo, non vedo il tuo volto

e s'attorciglia lenta e avida l'anima,
s'impasta d'oscuro, ho paura
di lasciartela come veste di serpe

Riposa su questo cuore agitato
tu che puoi misurare tocchi e apnee,
ora guarda il mio volto chi sono

io che non vedo il tuo volto ma sudore,
parole e sudore

Mattina d'autunno
di Stefano Focaccio

Stefano Focaccio nasce a Napoli il 19 novembre 1992. Sin da giovanissimo, dimostra interesse per le materie umanistiche, interesse che lo porterà ad iscriversi al liceo classico Adolfo Pansini di Napoli. Grazie a questo percorso di studi, ha modo di approfondire lo studio di materie quali la storia, la filosofia e tutte le discipline classiche in generale. Attualmente laureando in giurisprudenza, dalla fine del liceo ad oggi si è dedicato non solo allo studio della letteratura italiana ma anche alla poesia, scrivendo egli stesso e partecipando a diversi concorsi, ottenendo risultati apprezzabili. Con il sogno di diventare insegnante, continua a scrivere ed a studiare tutt'oggi.

Maelstrom

Ho traversato
mare in burrasca,
notti di acqua e di vento,
di stomaci messi alla prova
e marinai impauriti.
Dove il buio del cielo,
si mischia
al mare infinito,
in quel nero assoluto
io ho navigato.
Ora,
Mi guardo e vedo
Un uomo più forte.
Le mie nocche,
ormai indurite
dalla salsedine perenne,
sono come pietre;
le mie braccia
coperte di inchiostro,
sono come libri.
Ho traversato mare in burrasca,
oltre l'inquietudine,
oltre le paure,

alla fine
ho trovato te,
speranza di un porto sicuro.

Julia

Nella Calura estiva,
oziosamente osservo
l'orizzonte indefinito;
m' offre ristoro
quest'Isola aspra e rocciosa
un approdo sicuro
in questo mar' che ci divide.
Eppur' la salsedine non lenisce
quest' anima triste,
la faccia mia sfatta
è arsa dal sole ardente,
il petto mio crespo,
è d'amore dolente,
eppur' non si placa
in questa brezza,
e il pensier' vaga
A quei momenti con te.

Reggenza

Esausti
tornano i soldati
invitti eppur umiliati
dal potere che ordisce
e che mai il valor riconosce
ma disprezza.
Di tutta questa passione
cosa ne resta?
Ricordi sbiaditi
di imprese e di arditi
Che mai nessuno dimenticherà.

Mattina d'autunno

Vorrei
girare in vestaglia,
in questa casa
calda e accogliente.
Passare l'autunno,
tra libri e caffè.
Scrivere di te
agli amici fidati,
e raccogliere
tutti i frammenti
del tempo trascorso.
E quando
ogni foglia sarà caduta,
e l'autunno
avrà ceduto Il passo,
sul fondo
dell'ultima tazza
di caffè nero amarissimo,
vorrei vedere il tuo volto,
ancora una volta.

Onde
di Martina Paparusso

Martina Paparusso è nata ad Andria il 17 giugno 1998. Dopo aver conseguito la maturità al Liceo delle Scienze Umane nella sua città, si trasferisce a Roma per frequentare all'Università La Sapienza il corso di Letteratura, Musica e Spettacolo della facoltà di Lettere e Filosofia. Appassionata di letteratura, cinema e psicologia, scrive poesie e canzoni. Ha partecipato a diversi concorsi poetici, ottenendo dei riconoscimenti.

1

Siamo onde venute dal mare
in cerca di un tesoro
non ancora esplorato,
sempre troppo lontano.
Ci scontriamo e allontaniamo,
ci urliamo contro di andarcene
con tutta la forza che abbiamo in corpo,
quella forza che nasconde solo la debolezza,
forte e delicata,
di un abbraccio
sussurrato troppo lievemente
per essere udito da questa caotica città
che combatte
con queste anime in fiamme.

Siamo onde imprigionate dal mare.

Un giorno qualcuno si catapulterà negli abissi
e ne sarà folgorato,
incantato,
si sarà salvato,
avrà riconosciuto se stesso.

Siamo onde che si cercano nel mare.

Tu mi chiedi che ne sarà di noi,
Io ti dico: "siamo solo mare."

2

Plumbee nuvole
di roventi parole
scritte su corpi esili
scioltezza dei tuoi movimenti senili
nella mano che sfiora
questa vita,
nuova vita
che fiorisce,
che non basta mai,
poi sfiorisce
seguendo le tue mani
chiudersi a pugno
va,
lentamente va.
Ore 16:10
tutto rimbomba,
crepe nei vetri appannati,
ci rincorreremo tra i binari di un tram,
troppo veloce,
sfrecceremo a occhi chiusi,
inseguiremo i colori della felicità
e sotto il ciel d'agosto
ci rincorreremo tra la folla

di questa città.
Ti auguro caos,
frastuono,
scompiglio,
mani che ti illumineranno gli occhi,
occhi torridi,
spiragli di luce,
incroci di vie
che saranno incroci di sguardi,
i nostri.

3

Inafferrabile.
Hai visto mai un prato,
nuvole di fiori,
il vento che sfiora la pelle,
la musica che accarezza il cuore
in questa notte fuggente
che scivola tra le dita
come granelli di sabbia,
inafferrabile
come le sue stelle
fosse sempre più in alto,
scrigni di desideri nascosti,
impulsi mai celati tra cielo e uomini
danzatori sognanti di attimi eterni.
Ci lasceremo trasportare
oltre i confini della nostra mente
in una notte d'agosto
più lucente di tutte le altre,
a rincorrerci tra le stelle,
andando incontro al fato
guarderemo inebriati il profondo spettacolo
della natura.
Hai visto mai

due anime vaganti
sotto un tappeto di esplosioni luminose,
ubriachi d'universo,
come pittori,
ridisegnare l'infinito,
con la magia del colore catturare l'attimo
ripetuto eternamente
come un mantra
nella mente,
mescolare i desideri
e capire di essere nel posto giusto
nel sogno custodito in quella tela
di due pittori incompresi
viaggiatori di una vita senza meta.
Tu e il cielo,
finestra spalancata nel quadro,
occhi negli occhi
ti vedrò errare nel tuo vestito più leggero,
dalle labbra non uscirà alcun suono
e quello sguardo taciuto
sarà preludio incandescente
a tutti i vagheggiamenti
che non abbiamo ancora costruito.

Il viaggio della vita
di Lorenzo Soldati

Lorenzo Soldati è nato nel 2001, in provincia di Lodi. Frequenta il quinto anno del liceo scientifico Giuseppe Novello, a Codogno. Gestisce in autonomia una pagina di storia romana, e ha partecipato a pochi concorsi letterari, ottenendo però dei riconoscimenti, tra cui un primo posto. Nel tempo libero si dedica alla lettura e al giardinaggio, e sogna di diventare un medico.

Vita

Camminavo silente
lungo candidi viali,
senza pensieri.

Ad un tratto mi colse la luce.
Gli occhi si illuminarono,
come per magia brillarono,
e rimasi incantato.

I sentimenti turbinarono,
con loro mi librai nell'aria,
E Chaos fu in me.

Posai le mie esperienze
ai piè di un Mandorlo,
Poi meditai.
Colsi un bucaneve,
e nuovamente liberato
ripresi il viaggio della mia vita.

Pace

Passa silente
tra le morbide fronde,
nel silenzio della sera
mi sfiora la pelle,
mi porge il suo lato migliore.
Culla ogni mio difetto,
calma le preoccupazioni
e i pensieri fuggono,
come se il vento
li potesse portar
con sè, là
dove tutto è brezza.

Speranza

Sotto una pallida notte sfiorita
si sente un flebile torpor;
una luce si vede nell'inverno senza fine.

Solo la fiamma della speranza attende,
bruciando perpetua
fiduciosa nel ritornar di giorni migliori.

Purezza

Oziava il pescatore
Sotto l'acero ingiallito;
tastava il pasto smunto,
gustandon ogni momento.

Procedeva a passo tardo,
ponderando il suo rientro.
Chiuso nella solitudine,
nella libertà trovava pace.

Fatica e lavoro lo rendevan vivo,
operoso nella ricerca
della più alta delle virtù.

Scelte

Se potessi sceglier d'esser
felice non sarei qui.

Porterei il mio cuore dove
il giorno non conosce orrore,
dove il tempo scorre senza segnare.

Me ne andrei dove la barca va
senza increspare
Il chiaro pelo dell'acqua.

Me ne andrei dove io sono solo,
dove nulla è.

Frammenti
di Matteo Trono

Matteo Trono, di Copertino, nato nel 1997, fre-
quenta il quarto anno di medicina a Pavia. Stimo-
lato sin da subito dalla madre, ne eredita l'accanita
passione per la lettura. Dopo diversi anni conosce
un amico che lo spinge a uniformarsi coi tempi della
lingua, spesso apostrofandolo, bonariamente, come
il Dickens dei poveri.
Ben presto, questa sollecitazione diventa motivo di
superamento interiore, e lo tramuta in poesia. Soste-
nuto da tre altri fervidi compagni partorisce il primo
libro, dal titolo *Pendolari leggerezze*. Da pochi mesi
ha creato una pagina dal titolo "Sbuffi di sigaro".

1

Negli impaludati sguardi hai preso vita,
rubando come il fuoco la bellezza
pur senza terra, coatta e luminosa
e farti contemplare poi
come candida ninfèa.

2

Tu, marina dimora,
ridai suono alle stuprate voci
di chi in acqua ti ha riposto
dopo essersi confidato
a orecchie fragili e a bocche
che non sanno mantenere segreti.

3

Chiuso tra mura invisibili
Meno austere del palazzo
che mi vanta carpentiere,
di tanto lustro cosa ne faccio?

Da lungi un fabbro
Pronto a inferriare
Come a me

Le finestre sprazzate di vita
Di qualche altro
Smembrato aquilone.

4

Mi chiedo – Dio
Se tu non sia nient'altro che
Qualche frammento ricomposto d'io.

5

Assalita dai rimpalli
di storie andate a male
hai continuato a rammendare
il vestito ormai sdrucito
a furia di calma
e sempre a bocca chiusa.

Chissà, Mària,
quante volte avrai pianto in silenzio quant'altre
avrai mascherato una lacrima
con l'irreprensibile maestria di un sipario rosso,
come le tue guance,
le tue perversioni,
i tuoi lividi.

Finirà prima o poi,
ma tu non sarai qui
per poterti dire
che nessuno vivrà l'inverno al tuo posto,

nessuno vivrà l'estate per te,
né primavere né autunni
e questa
è
la più grande menzogna.

6

Le parole tolgono le ali
al mistero degli sguardi fugaci
alle ore spese nei porticati
per dirimere questioni banali
col sorriso che sghemba pure
le più sottili e screpolate labbra.

Accesi dalla meraviglia
non c'incendiamo da soli: si sa che
siamo caldi nelle grotte più malagevoli, quelle
scaldate dal sole
che scotta le immense campagne,
custodi delle orme che
da piccolini
abbiamo improntato coi gambali del nonno.

Siamo artigiani della nostra galera
e solo lo stupore,
zuccherato con un po' di stupidità,
ci dona le ali per colonizzare nudi
l'azzurro che quotidianamente
c'attende.

7

Una pagina è un quadro.
Non si imbratta.
Non si incivilisce.
Scrivere è imbratto,
poetare scarabocchio.
Non ho ancora idea
del perché continui a imbastardire i quadri,
bramoso
di riscoprire la luce che altrove illude
e promettere ai tuoi tramonti
una nuova aurora.

Costante è il mio chiedere
- come il tormento di sapere -
che il macchiare, risposta non dona
ma è meraviglia
l'essere capito
solo mediante corrive parole vergate.

8

Ricoperta dalla Luna
la tua ombra
sicché tutta brillavi
di luce riflessa
accesa da quella autentica
del tuo animo errante.
Spirito eri
soffiato sulla pelle mia
ingentilita dalla grazia
del tuo sguardo sorridente.

Incrine ormai l'acqua
la brezza spassò;
tra l'onde di quei capelli
palpabile timore.

Alba d'inverno
di Nicola Anaclerio

Nato a Bari nel 1978, **Nicola Anaclerio** è laureato in Scienze Forestali e Ambientali e insegna scienze naturali presso il Liceo Scientifico "Benedetto Varchi" di Montevarchi (Ar). Scrive poesie sin dalla adolescenza. Alcune hanno ottenuto importanti riconoscimenti tra cui:

- Primo premio "In memoria di Marcello Fabbri", concorso internazionale "Giglio Blu di Firenze" II edizione 2019 per la poesia "Mattina".
- Menzione d'onore al Premio letterario "La Ginestra" Firenze 2019 per "Perderai l'innocenza":
- Pubblicazione sulla rivista letteraria LUOGOS di diverse poesie.
- Autore di poesie nell'antologia di poesia e narrativa italiana "Bouquet n.1", "Bouquet n.2" e "Bouquet n.3" editi dalla Giglio Blu di Firenze.

Mattina

Da una persiana
socchiusa, trafigge
la stanza e sul tuo viso,
leggera si posa,
una rima di sole.

Lentamente riaffiori
come da un sonno di cera
e mi sorridi sospesa,
in un incerto bagliore,
al mio amore ormai arresa.

Il Lavoro rende liberi

È un suono sinistro
quella scritta all'ingresso:
Arbeitmachtfrei,
chi osa prendersi beffa
di un uomo che muore?

Ti hanno spogliato del nome
ti hanno razziato il passato
ti hanno tatuato l'orrore
nelle carni e nel cuore.
Arbeitmachtfrei.

Ti hanno dato verdure
di rancio marcite,
sei senza posate
come un maiale al porcile.
Ora hai scarpe diverse
che generan piaghe,
un pigiama sottile
contro un freddo glaciale,
non ricordi chi eri
sei solo un cumulo d'ossa,
vedi un fumo che sale

lotti per non morire.
Arbeitmachtfrei.

Quale mente perversa
può progettare l'orrore?
è l'indifferenza che uccide
di chi vede ma tace.
Arbeitmachtfrei.

Quella scritta all'ingresso
vorrei non leggerla mai
ma è un monito all'uomo:
Arbeitmachtfrei

Alba di inverno

Si spoglia la vigna
sedotta dal sole
di un mattino invernale.
Intanto,
un prato di pietre preziose,
inondato da un bagno di luce,
malizioso ammicca:
è la rugiada,
la lacrima notturna
versata nel dolore
di una pentita Cassiopea.

Al turgore di un'alba che si rinnova
anche il ciclamino ravviva la sua corolla
mentre io, da un finestrino fugace,
spio di traverso quella natura sensuale
e quasi ne provo pudore.

I ricordi

In anse di vento
sbiadite parole e pensieri
polverosi turbinano
sollevati dal tempo.

È il ricordo che stilla
schiumoso
in poltiglia di mare.

Lentamente,
dentro un buio cortile,
una lucerna s'affioca.

Maternità

Accarezzare il ventre tuo molle
che il tallo prezioso racchiude,
la noce dal tenero mallo,
il seme che ancor non si schiude.

Invidiosa la mia mano ti sfiora
per sentir tutta la vita che freme
di lasciar la sua prima dimora:
il dolore lei ancora non teme.

Anch'io di stupore son pregno:
 l'arcano che Natura non svela
è uno scrigno,
nel tuo grembo si cela.

Autunno

Piove al suolo
uno stuolo di foglie
a coprir le voglie
come un freddo lenzuolo.

È forte la brama
dell'estate trascorsa
in questo tempo sospeso
come sul ramo la foglia.

È l'autunno che incalza
col suo fresco tepore
a scandir le ore
come a passo di danza.

Pare la linfa che muore
sia nel germe e nel fiore,
ma è una promessa di vita
alla rosa sgualcita.

Estiva nostalgia

È una notte ferma, senza respiro,
di un'altra estate che muore
aspettando un ignoto mattino.

Vorrei dirti del mio abisso,
di un pozzo fondo dentro al petto
dove un pensoso secchio affonda
e mai risale.

In sere come questa
un sentimento umido mi assale
una nostalgia non so di cosa,
forse del tempo che è stato
 e di quello che è,
di una rosa non più rosa
ma duro cinorrodo
e di altre notti afose
maledicendo l'inverno che tarda a tornare.

Ricordarti giovane (a mio padre)

Ricordarti giovane nell'istante in cui teso
lo slancio scocchi dal molo del porto,
in gara con altri, tra grida di scherno
e schermaglie virili.
Di popolano vigore è intriso il tuo viso
son colme le ossa di forza ancestrale,
con volgare furore ti stacchi da terra:
un tuffo nel mare e scompari alla vista.

Ti scruto e ti ammiro
io già vecchio nel cuore.

Ti scruto anche ora
che vecchiaia ti affligge scalfendo
il tuo corpo, incorruttibile allora.
Sei ancora tu saldo
come il tronco d'ulivo,
cavo dagli anni ma che nessuno più smuove.
Resta lo sguardo di quei giorni
di luglio, un'improvvisa fiammata
che tutto ti scuote
prima che opaco sarà anche lui spento:
Il tempo che passa non ha sentimento.

Amore è finanche la morte

Il sussurro della natura in risveglio
mi riempie di un piacere sottile.
Ramingo vago nel bosco
in cerca di quel coro ancestrale.
Il faggio mi parla, la rovere pure
eppure è un bisbiglio,
uno stormire confuso di suoni,
una voce frondosa che dice
che anche alla morte comunque non muore
il bisogno di vita che ha il mondo.

Il fittone che spacca la terra,
la vitalba abbarbicata al sambuco,
il cuculo che uccide il vicino,
all'alba tutto è lampante:
nella lotta apparente del cosmo
vi è la spinta che rinnova la vita.

L'albero secolare che cede alla sorte
apre intorno una grande radura
Amore è finanche la morte
sol così scorza dura
del seme si rompe
nel germoglio che nuovo matura.

Aylan

Verranno a chiederci conto,
chiusi nelle nostre gabbie di ferro e cemento
mentre dormiamo un sonno di piombo,
senza né sogni o un tormento.

Ci sveglieranno
per domandarci dove eravamo
quando a Bodrum il simulacro dell'orrore
giaceva riverso bocconi sulla spiaggia,
con la testa incastonata nella sabbia
perché era troppo duro sostenere quello sguardo.

Non sapremo cosa rispondere
aggrovigliati nei nostri miseri corpi,
senza che esista nessun'altra ragione
che non sia la nostra,
distaccata da ogni altra esistenza.

Abbiamo chiuso le imposte
e serrato la stanza,
nella speranza, vana,
che non arrivasse la bora
a spazzar via ogni certezza.
Ma il nostro è solo un bunker di sabbia:
l'umana indifferenza.

Ombre di Novembre
di Otto Kediv

Nato a Bologna, **Davide Dotto** in arte **Otto Kediv**, ha vissuto a Bologna e nelle montagne del bellunese. Ha letto molto e scritto fin da giovane, canzoni, poesie, piccoli racconti e qualche romanzo, passione che non lo ha mai abbandonato. È membro dell'Associazione letteraria "Pegaso: scrittura creativa e dintorni" di Castel San Pietro Terme, Bologna. Alcuni racconti e poesie hanno partecipato a eventi e qualcuno è stato pubblicato. È stato tra i quattordici finalisti al premio "Argentario 2019. Dell'evento tenutosi a Como sulla "Donazione degli organi 2019" ha scritto le frasi introduttive e finali della manifestazione. Davide Dotto ha gestito per vent'anni un distributore nei pressi di Imola. Qui ha potuto affinare la sensibilità necessaria per conoscere le persone e il mondo sociale che viviamo.

Il domani scarso

Piega l'erba le sue punte
al passaggio greve
dei miei torbidi pensieri.

Odore di nebbia
che impalpabile
imperla il viso
di lacrime gonfie.

Dove andrà a finire
vessata e reietta
l'umanità trasformata
che orizzonte ha perso.

Nere mani e cuori saldi
pongono i loro sogni
davanti a se stessi
incapaci di capire.

Forse è un'alba
o forse un temporale
comunque è perdita
di libertà e d'amore.

Giace reclinato sulla terra
un sole pallido e sfocato
che ombre riversa
ma che buio diventa.

Lascio, mi arrendo
e intreccio le braccia
come a trattenere
questo forte tormento.

Son deluso!

Stanco è colui
che da campo
non cava frutto.

La guerra nei secoli

Sotto questo cielo sconosciuto
solo freddo
e buio nero.

A un palmo
dalla mia mano protesa
un altro paio di occhi
vuoti
reclamano una gioventù
strappata.

Lui è come me,

solo i vestiti
portan la differenza
e i capelli
che non si disciolgon
in terra.

Avremmo potuto giocare
ed esser amici

ma la guerra,
che tra noi

mai è stata decisa,
ci ha messi contro.

Adesso morte pietosa
ci ha uniti per sempre.

Quel che uomini han diviso
con dolore lei riunisce

Madri e padri

Lasciate sia il vento
a raccontare
i nostri ricordi.
Ho combattuto
per arginare
il sorgere del nostro amore.
Madri e padri della mia vita.
Voi
avete negato
l'assenso al distacco.
L'accoglienza pura
ha cullato
lo slancio in un abbraccio,
suadente.
Miele che stilla
a unire con voi
il bene più profondo,
mai avuto.
Madri e padri conosciuti,
il passato
è impronta di un dolore.
Vola nell'aria
il ricordo,

di un bene goduto in eterno.
Saremo ricordo,
per gli altri,
donando quanto ricevuto.
Lasciate sia il tempo
a raccontare il bene,
ricambiato con amore.

Dedicato alle donne e agli uomini che, anche inconsciamente, mi hanno regalato amore.

Ombre di novembre

Mutate soglie
di pensieri ordinati
e breccia sia
nelle ore trascorse.

Pochi han goduto,
e il mare accoglie
le forme storpie
di lacrime gettate.

Poi il tempo andato,
stanco penare,
il mondo che urla
e la delusione cresce.

Ho lanciato al cielo
ombre di novembre,
rimango solo
senza più un lamento.

Le mie braccia
vuote
a cercar sollievo
da quest'onda amara,

ma pace non viene

...e

domani,

chissà...

Perdita

Sentimenti
negli occhi ardenti
che m'allontanano.

Battere ferale
nel petto
ho preso la via
il luogo d'uscita.

Sì,
c'è separazione
e propositi svecchiano
in altre case
ricercando
un domani.

A te coglie l'attesa
vuoto che giunge,
sonnecchia,
foto di ore trascorse.

E sorrisi.

Possa esser giusto?

Stringo i lacci
ma non per correre
e piego l'animo
trafitto da belluino.

Ti ho cercato!

Braccia
come rami spezzati!

La luna e le sirene
di Cesare Amadei

Cesare Amadei è nato a Montichiari, in provincia di Brescia nel 1987 da una famiglia contadina, padre bresciano e madre algerina. Secondo di cinque fratelli, ognuno con una madre diversa, ha vissuto un'infanzia particolarmente turbolenta e problematica. Da sempre si diletta nel teatro e nel canto, ma soprattutto ama scrivere, anche se solo nel 2013 ha deciso di pubblicare qualcosa. Ha pubblicato dal 2013 a oggi sei libri, tra sillogi, romanzi e raccolte di racconti. Ha ricevuto tre Menzioni d'Onore in concorsi Nazionali di poesie, nonché varie proposte di pubblicazioni antologiche per le sue liriche. Attualmente vive in Romagna.

Sirene

Cantano le sirene
cantano a mezza notte
gridano per le strade
albergano in vie interrotte.

Cantano delle pene
portano calze rotte
il corpo è schiacciato, la mente evade
e l'anima se ne fotte.

Cantano le sirene
ti sei mai fermato ad ascoltare
il grido disperato
di chi si è perso in mare?

I quattro amori

Rigido l'inverno copre rabbioso
rantola il corpo crudo che brama
mentre la neve tesse la trama
soffoca il tempo uggioso.

Fioriscono le donne in primavera
sbocciano germogli di nuove passioni
è cosparso dal sole e dai tuoni
un inebriante sapore di suoni.

Lenta al suo arrivo ma veloce a partire
l'estate bramata, ricca di avventure
è la stagione più amata, lì ti fai rapire
dalla nudità esteriore
che ti disseta nelle arsure.

Vive di ricordi l'autunno, è nostalgico
il pallido tepore del gigante malato
bacia un'ultima volta le foglie
le accoglie il nevralgico prato.

Ultimo atto

Spunta la nebbia dal monte
mentre il vento tace
ricopre la valle.

Nascosto s'è ormai il sole
ne fa la luna le veci
raccontan le stelle.

Ulula un cane lontano
a cui il tetro sfondo piace, accompagna
la scura gente che si muove piano
verso il fiume che dà pace.

L'erba ammanta il nero divano
le vite sono il mio schermo
e il pensiero sovrano recita
sull'infermo ponte
danzando su ciottoli friabili
con la saggia
e sensuale morte.

La corda di Giuda

Tu fratello non far come me
che sfidai il Signore per trenta denari
e non credendo nel suo perdono
ciondolante sentii il sapore dei calzari.

Un istante prima dell'eterno fuoco
notai a capo steso, finalmente la grandezza
che prima non avevo compreso.

Le stelle luminose non sembravano condannarmi
piangevano, scintillanti e maestose
per dissuadermi, la luna era alta
volle parlarmi, ma la corda era spessa
non potei più salvarmi:
"nota o Giuda, ascolta la tua fine
ma per poco osserva quanto è sublime
ciò che Dio ha creato anche per te.
Osservami nella mia purezza,
o mio marito nel suo ardire
le nostre figlie che guidano le navi
la dolce rosa e le sue spine
le dune vagabonde e le vegliarde montagne alpine
le creature tutte nel loro equilibrio

le fresche acque a cui anelano le terre riarse
l'amor di una donna o di una madre
il sempre verde o le foglie sparse
il rimprovero maestro d'un padre vero
lo sguardo di Dio che ti sorride
inebriati del gentil creato ma resta sobrio
or che è giunta la tua fine."

Maledetta corda! pensai
mi stai accecando la magnificenza
per non aver visto prima non mi perdonai
e ora come un pesce penzolo alla lenza.

Non distruggete il creato
perché è stato la mia salvezza.

Lui

Elevò al cielo
uno sguardo, intimorito
dal suo lento morire, intontito
dalle onde del mare.

Incontrò la terra
una smorfia, stampata in volto
dal suo improvviso aleggiare nel vento,
seguito da un sordo poggiare, malcontento.

Cadere in un sogno
cadere per bisogno
scivolare, cogno cogno
da versare.

Fagocita sangue il suo intento
il legno si disseterebbe del rantolo
ma il dolore è prezioso
tanto fu che sarebbe esploso
Lui se ne va conservandolo.

Trema la terra
senza che Lui parli
"un uomo" ha sconvolto il cielo.

Arriva la sera spezzata dai canti
memoria di disprezzo e di pianti
rimembranza di ciò che ha subito
per aver parlato,
per la sua semplice presenza,
per aver dato ai morenti
parole di speranza
spiegato la vera essenza
di tutti gli elementi.

Non all'inizio, Non alla fine

...è ora di rinascere
è ora di crescere
è ora di morire.

Tre atti trovano senso
nel loro andare
non all'inizio
non alla fine.

Se vuoi il responso
alle domande senza rime
trova te stesso
trovalo adesso
brama la fame.

Di mare, di coraggio

In questo mare
di errori nostri e altrui,
figlio mio, dovrai
imparare a giocare.

Con i piedi immersi
tra gli squali e le sirene,
il cuore tra le nuvole
e le mani sempre piene,
di sogni che
come sabbia scivoleranno
tra la clessidra delle dita;

Ma non è trattenerli,
che importa,
lasciali andare,
ciò che conta, alla fine
di ogni viaggio è
aver avuto le mani
sempre piene di terra,
di mare
di coraggio.

Il peso delle cose fragili
di Carlotta Silanos

Carlotta Silanos è nata a Roma nel 1992. Nel 2017 si è laureata in Scienze Politiche e Relazioni Internazionali all'Università degli studi Roma Tre, con una specializzazione in Cooperazione Internazionale. Nel 2018 ha frequentato un master in *Human Development and Food Security* all' Università di Roma Tre e, a seguito di una ricerca sul campo in Georgia, si è laureata con una tesi sperimentale sulle strategie di inclusione delle fasce sociali deboli nelle cooperative agricole locali. Da sempre ha avuto una spiccata sensibilità artistica che ha espresso attraverso la danza e negli anni ha vinto gare a livello europeo e nazionale ballando all'interno di una compagnia.

Polvere

Che cosa pensi se pensi a me?
No, perché, sai
sono giorni che io provo
a spazzare via
la polvere,
ma più ci provo
più i ricordi
si attaccano
alle pareti della mia anima.

Miope

Ti guardavo
e vedevo in te
la perfezione.
Da quando te ne sei andata,
da quel giorno di inverno
mi resta la miopia
e le mie lenti appannate.

La neve sul cuore

Ho la neve sul cuore,
i raggi del sole qui arrivano poco,
scaldano per poche ore.
Non è il tempo dei germogli,
del cinguettio degli uccelli,
della vita che nasce.
Il ramo del faggio
è secco,
e solo,
da tempo.
Presto gelerà
nel silenzio della notte.
Ma il bosco sa
che un'alba
ci sarà sempre.
E lo sussurra piano,
anche a me.

La custode

Sono la custode
di un'amicizia
consumata.
Il tuo mazzo di chiavi
l'hai lasciato a me
e hai cambiato casa.
Mio è l'arduo compito
di sorvegliare,
di preservare,
di tutelare
ciò che resta.
Piego
con cura,
ricordi,
riflessioni e
dubbi.
E mi affido
al magico potere
del riordino.

Il peso delle cose fragili

Massaggiami
I nodi della vita,
i pensieri che contraggo
nella testa
e sul corpo.
Sono fatta così:
porto addosso
il peso delle cose fragili.
Tu solo
puoi aiutarmi
a respirare
tra le mie distorsioni,
a sciogliere i dolori.
A cogliere l'armonia
nel movimento incessante
delle nostre vite contorte.

La clessidra

Scorre
più in fretta
il tempo
nella mia clessidra.
Taglia
la calma
come schegge di vetro.
Impossibile
afferrare ogni granello,
farsi spazio nella sabbia,
fare spazio all'incertezza.
Darsi tregua
quando si ha fretta.
Farsi vento
quando si soffoca.

Nel solco del tempo
di Luciano Andreotti

Luciano Andreotti nasce nel 1970 a San Marcello, paese montano dell'Appennino Pistoiese. Lascia a vent'anni la terra di origine per dedicarsi alla carriera militare e mentre perfeziona, nel tempo, una formazione professionale di tipo giuridico/economico, non abbandona la passione per la scrittura, da sempre vissuta con la sola aspirazione di ritagliarsi qualche piacevole spazio emozionale. Nel 2018, l'amore per la letteratura incontra il suo sport preferito, il ciclismo, e dedica il primo libro al trionfo di Fausto Coppi al Giro d'Italia del 1940, dal titolo *Quel 13° tornante che ha cambiato il ciclismo*.
L'anno successivo, con il racconto breve *Sabina*, è finalista al concorso *Metti un racconto a cena*, con relativa pubblicazione all'interno dell'omonima antologia.

Tramonto alpino

Volteggiano tristi
le foglie cadendo.
Ultime danze di fine novembre.
Segmentati contorni
di granitiche vette,
ove un pallido sole,
stanco,
si concede a quei pendii:
quasi umiliato, beffato,
scompare all'orizzonte.
Venne la notte,
gelida e amara.
Il buio dell'uomo,
il buio nell'uomo.
Solo.
Ma le stelle, lassù,
gli sono amiche.
Ama le stelle.
Scegline una, la più piccola,
la più fioca, tremolante e insicura,
così flebile, fuori dal coro.
Amala!
Quel faro minuscolo ti segnerà la rotta.

Ah! Tenerezza degli ultimi!
Mistero e forza
delle cose piccole.

Tempo

Dove corre il tempo?
Nelle radure senza confini,
nel mare profondo,
nell'immenso del firmamento?
Chiudi gli occhi
e ne sentirai il profumo.
Come aria sulla pelle,
soffio gentile
che accarezza l'anima.
Ma lui corre, corre, corre ...
Vano è il gesto
della mano che stringe,
illusoria l'idea
d'imbrigliare la vita.
Virtù risiede
nel cuore che batte.
Sì, nel cuore che batte.

Il giunco

Sono vivi i colori
negli occhi dei bambini,
ma sbiadiscono le tinte
nel solco del tempo.
Poi ... d'un tratto,
riaffiorano ricordi,
come il verde di un giunco
nell'orto di casa.
Tra faggi e querce
ovunque d'intorno,
con castagni e abeti
a intervallar gli spazi,
il bambino scelse.
Sottile, fragile,
sensibile agli eventi.
Pura, intuitiva armonia.
Amabile disegno
di quel giovane uomo.

Sofferenza

Inquietudine e stallo.
Pezzi irregolari
in equilibrio precario.
Tasselli informi
sparsi qua e là
su terreni paludosi,
ove i pensieri affondano.
Tutto è opaco.
Pesante.
Opaco e pesante.
Grevi fardelli
su schiene ricurve.
Lacrime, sudore.
E ghigni tirati, deformi, truci.
Linee spigolose.
Non è mai gentile ...
pensai ...
il volto di chi soffre.

Spoglio

Preferisco così.
Spoglio.
Privo di scudi.
A volte là,
dove il sole non batte,
scosso dai brividi.
In ombra.
Là dove il suolo è gelato.

Preferisco così,
dove il gelo persiste;
dove l'uomo resiste.
Le corazze spaventano.
Austere.
Aride.
Ecco, invece,
l'inconscio bisogno di sentire,
da sempre.
Lasciarsi andare, sì,
verso ampie distese erbose,
al vento,
mosse, fruscianti.

Nel mentre osservo, e piango,
il fusto della quercia:
sempre fermo,
possente,
insensibile agli eventi.

Piove a dirotto,
da giorni.
Fradicio, tremante,
proseguo il cammino.
Verso spazi aperti, liberi.
Verso il verde di quei prati.
Sotto la quercia, intanto,
uomini asciutti
attendono il sole.
Ho pena di loro.
Così asciutti. Così aridi.

Coscienza e perdono

Dove porteresti il cuore,
lo sai?
Ma forse,
credi soltanto
di saperlo.

Strappalo dal petto,
tienilo in mano
e guardalo,
guardalo battere,
osserva la vita che pulsa,
quel cuore sei tu.

Nella mano insanguinata
c'è tutto il tuo dolore,
ci sono, ci sono ...
le tue lacrime di bambino,
le attese vane,
le corse frenetiche
senza arrivare mai,
i magari un'altra volta,
i sì
che non volevi dire,

i no
che non volevi sentire.
Sanguina, quel cuore,
per le ferite subite, già.

Ma di più per quelle inferte.
Adesso lo vedi.
Riconosci il sangue non tuo.
Fa male, vero?

Ora lo sai,
sai dove portarlo.

Oltre

Non importa dove,
insignificante è la meta.
Oltre!
Vuoi andare oltre
e questo ti basta.
Ma no! Guarda al tuo fianco:
lì troverai risposte,
quanto serve a capire,
a dimenticare,
ad amare la fine.
Che fine sia!
Che oltre si vada,
adesso sì, con passo deciso
verso la meta svelata.

"Parole tra il cielo e le fronde"

di Nicola Cordioli

Nicola Cordioli scrive poesie dal 1984 anche se la sua privilegiata forma di arte resta la pittura. Sua la copertina del libro *Migole de stagnà* di Bettio-Turrini che valorizza il dialetto "Valeggiano" (di Valeggio sul Mincio) ma anche le tradizioni, i modi di dire e le leggende locali.

Da qualche anno partecipa a concorsi di poesia sia in lingua italiana che dialettale, ricevendo buoni riconoscimenti in entrambe le categorie. Ha ottenuto molti riconoscimenti nei vari concorsi letterari a cui ha partecipato, tra i quali si è classificato primo al *Concorso Valeggio Futura* (sezione dialettale 2018) e ha vinto il *Premio Letterario Levada di Onigo, Borghi Veneti: personaggi e ricordi* (Sezione dialettale Triveneto 2019).

Quello che mi porterò dal mare

Dal mare mi porterò questa bottiglia di vetro scuro,
senza tappo e senza alcun profumo:
penserò ad un marinaio dallo sguardo fiero e duro
che beve una marca di rum di contrabbando,
che ormai qui non ricorda più nessuno.
Dalle ultime onde verso riva, un tappeto di gomma gialla,
che leggero mi venne incontro, rimanendo sempre a galla;
lo portai con me per quelle incisioni
in arabo che non tradussi mai,
volevo imbalsamare così tutti i pensieri che feci,
quando lo ripescai:
immaginai le coste d'Africa, le città bianche e i minareti;
sentii il frastuono dei bazar,
i profumi e i colori delle spezie
e volli fissare nella mente un porto, per mai dimenticare;
venditori di frutta dalle lunghe tuniche ricamate
ed amuleti, come quelli consumati e lisi
che ci restituisce il mare.
Di quello che ci restituisce il mare riporterò
la voglia di cambiare
di questa maiolica bianca e tonda,
stanca di farsi trasportare;
cullata e levigata dalle maree,

senza tutta quella fretta che ha la nostra terra,
senza quelle umane paure di tempesta
e nemmeno quelle scritte dalle ferite della guerra;
partì tagliente e spigolosa,
senza conoscere il coraggio,
dimenticando il sole del mattino e il vento della sera,
inghiottita e poi adottata dagli abissi come figlia vera,
mi aiuterà domani, a ricordare questo lungo viaggio.
Perché del viaggio mi restino i colori d'oltremare,
mescolerò il turchese al blu sverniciato
di questo pezzo di legno di barca,
che il navigar del tempo un verde originario ha rivelato.
Infine il rosso raro di una conchiglia che brillava al sole,
mi ricorderà cos'è davvero un grande amore;
lascerò scivolare tutte le altre in bianco e nero
e stringerò lei sola tra le mani:
preziosa perla dagli abissi mi parlerà di te e di questo
mare, anche domani.

Le donne di Piazza di Maggio

Abbaglia il cuore la piazza intrecciata
di mille fazzoletti bianchi
nei lunghi cortei si muovono chiedendo verità,
su volti stanchi;
brillano gli occhi delle donne di Piazza di Maggio
chiamando per nome i loro figli spariti nella menzogna,
alzano le consumate foto con la forza del coraggio;
piangono lacrime silenziose, per lavare la vergogna
e dire al mondo nostro, che sta al di là del grande mare
quella verità che per molto tempo non volle sentire,
la grideranno forte,
fino al cielo, oltre i voli della morte;
la ripeteranno come un mantra, senza mai finire:
ascoltando nel silenzio
sentiremo anche i loro figli cantare,
come un grido dagli abissi, dallo stesso grande mare.

Felicità tra le mie mani

Ti ho avuta in pugno
e tra le mani più volte mi sei scivolata
e ti ho perduta, te ne eri già andata
prima di sapere che abitavi nei miei giorni
prima ancora di misurare tutti i tuoi contorni.
Ti ho persa! Come si perde un anello d'oro nel fondale;
lo guardi scendere piano e perdere via via la sua luce:
nulla puoi, ti manca l'aria e l'immenso ti fa male.
Imbrigliato nelle onde della sopravvivenza,
impotente e solo in quel momento puoi solo...
guardarlo sparire,
inizi a ricordare il suo riflesso e già a morire.
Eri dentro le risate sussultate dell'estate
e nelle coccole d'inverno,
in quella promessa d'amore eterno
che mi accese il cuore fino a ringraziare le stelle,
felici con me, come me, anche quelle!
Eri nella luce del mattino, in quel nostro sole sincero
che scaldava i progetti di domani,
e anche allora ti tenevo tra le mani
ubriaca e sazia dell'amore immaginato e divenuto vero.
Eri negli occhi di quel figlio che mi hai donato,
nel suo profumo e nel sorridere alla vita,
eri nei giochi di quella fiaba infinita.

Bastava ascoltare il tuo pulsare discreto
e guardarti piano...
eri sempre lì, tra le mie mani,
come una camicia su misura:
dovevo indossarti
e baciare fino all'alba la tua bianca mano,
tenerti stretta e respirarti amata amante pura,
come fragranza rara, di un fiore che non dura.
Ti aspetterò, aprendo all'infinito il mio domani:
conosco la brezza che ti culla e non ti lascerò scappare;
riporterai da me il tempo delle gemme, che saprò fermare
e sarà per sempre, perché ti stringerò tra le mie mani.

A mia madre

È silenzio nelle stanze.
Silenzio, tra i bicchieri puliti e i tegami posati,
lasciati al loro posto, ordinati come allora.
Il tempo si è fermato sulle sedie immobili
attorno al tavolo vuoto che pare attendere ancora
il tintinnio dei bicchieri sulla tovaglia a fiori:
accesi come allora, rivedo i colori
e noi che ridiamo sui piatti fumanti e restiamo,
prima di uscire e tornare a restare, felici così,
sapendo di tornare di nuovo da te, partivamo.

È silenzio nelle cornici d'argento,
appoggiate come allora,
sopra i centrini inamidati e bianchi come i sorrisi stanchi
del tuo ultimo tempo nella casa:
quel tempo è fuggito, scappato, chiamato chissà dove...
forse a far vivere altri pezzi di vita gustosa,
a dar voce a stanze lontane da qui,
che solo tu puoi sentire.

Anche la radio tace e musica non entra
nei corridoi e nella stanza dei giochi,
nei cassetti e negli armadi chiusi

dove, ben riposti, i tuoi vestiti illusi
aspettano ancora di uscire con te,
col tuo profumo di allora
che il tempo fuggendo ha lasciato per noi,
dimenticando ancora.
Parole non sento in giardino e ascolto vicino
alla stufa che allora parlava col vento e ora tace:
nemmeno un lamento, uno scoppio di brace
che rompa il silenzio in qualche rumore di allora
che illuda la mente e dica di te una volta ancora...

Aggrappato

Aggrappato ad un cuscino caldo
stasera sono qui
nel tepore della mia terraferma
eppure tremo.

Tremo
come il vascello in balìa della procella
e tremerò finché anche l'ultimo disperato
di quelli che scappano via non sarà salvato.
Salvato dalle onde e dai numeri neri
morti veri
della cruda statistica
che anche stanotte li vuole a mare
nelle urla della burrasca
che a volte vince e fa naufragare:
qualcuno riuscirà a sopravvivere,
sempre nella statistica,
aggrappato
a pezzi di galleggiante speranza
aspettando lontanissima luce
che viene, come la disperazione,
dallo stesso mare.

Tramonto settembrino

Il mio occhio è distratto stasera,
vorrebbe raccogliere tutti i frammenti di nuvola,
quelli che il vento, a suo piacimento,
ha sparso a brandelli, nel cielo dorato:
li vorrebbe accorpare alle nuvole chiare
quelle più grasse e più rosse
che stasera con le altre mille faranno a botte
per governare il cielo, prima che arrivi la notte...

Forse per vedere meglio il sole che si accende
o solo per mettere ordine
in quest'inedita volta celeste
e ridare dignità alla piccola fetta di luna calante
così pallida e confusa tra le nuvole, così distante
che l'occhio fatica a vedere,
a mettere a fuoco
in questo ingovernabile gioco
di attori e di troppe comparse
fatto di mille nuvole sparse
che non se ne vogliono andare:
restano lì come me ad aspettare la scena finale,
con l'occhio che ancora una volta ritorna bambino
davanti all'immensità mutevole e lenta
di questo tramonto settembrino.

Chissà dove finisce il mare

Chissà quanti gabbiani sono passati
lungo questo finale d'estuario che porta al mare...
o gallinelle d'acqua hanno fatto il loro nido
cercando proprio qui del cibo da mangiare.
Sotto l'intrigo di rovi e canneti,
sotto i lecci, i pioppeti,
tra le fitte radici dei mirti ostinati,
modellati dal vento
c'è un antico terriccio
nutrito dai sedimenti del tempo
che fa pulsare un groviglio perfetto di vita
che noi di città immaginiamo a fatica
presi da pensieri pesanti, da altri aggrovigli,
dal reflusso mal digerito della nostra sazietà
che distoglie l'incanto in lunghi sbadigli...
Chissà se dove finisce questo mare,
tutti oggi avranno mangiato
se ci sarà chi sbadiglia per fame
o dalla sua terra vuole scappare, disperato...
Sarà questo scirocco che scalda l'anima,
che apre i confini degli occhi e fa decollare i pensieri
sarà il rosso di questo tramonto, diverso da ieri
ma qui ci sto bene
e vorrei che anche il fratello che aspetta laggiù,

su un lembo di terra impastata della stessa mia terra
potesse cantare con me, potesse sperare di più
e gustarsi lo stesso tramonto di mare, finita la guerra.
Chissà se qualcuno di là si è fermato,
se ha guardato il "suo" pezzo di cielo...
chissà se si sente davvero diverso da me
o se ha capito che il blu del mare è infinito,
che brilla della stessa luce per tutti i viventi
e che da tutte le paure... presto sarà guarito!

L'infinito a modo mio
di Alessia Dapoto

Alessia Dapoto è nata a Potenza nel 2001. Si è classificata alle prime posizioni in vari concorsi letterari, recentemente si è classificata a due primi posti del Premio di poesia Luca Orioli (2019).

Scrivere è una passione che coltiva da quando è piccola e ha vari manoscritti nel cassetto. A scuola (indirizzo Cambridge, liceo scientifico "Galilei") è caporedattrice del giornalino scolastico. Nel 2018 ha concluso il corso di Pianoforte al Conservatorio "Gesualdo da Venosa" di Potenza. In collaborazione con Fondazione "Città della Pace", CSS Udine e una sua regista, ha scritto e rappresentato, con altri attori e immigrati, lo spettacolo "Human link", in tour in Italia. È molto attiva anche nel campo del volontariato.

***Il giorno in cui nulla esisterà
(colpa nostra)***

Un giorno mi chiederai: "Dove sono gli altri?"
e io ti risponderò: "Li hanno soffiati via, tutti".
Un giorno mi chiederai: "Perché non piove più?"
e io ti risponderò: "Il cielo si è stancato di piangere".

Mi chiederai così tante cose
tu, col tuo animo innocente:
perché non c'è più l'arcobaleno,
come mai le nuvole sono sparite,
le foglie verdi? i sorridenti fiori?
perché più niente c'è.

Ma io non potrò fare altro che pronunciare
per te malinconiche parole, coperte
da un'ombra d'amaro rammarico.
Perché non abbiamo agito, quando avevamo potuto?

In un inverno torrido ti chiederai: "Perché
la terra si spezza?", ti immaginerai me, dire:
"La pelle della Terra si secca e si frantuma:
ha subìto troppe intemperie umane e perverse".

Poi si farà sera, ma tu non vedrai altro che
una distesa nera, senza lumi né chiarori.
"Dov'è finita la luna?"
"Dicono che si nasconda tra le nuvole.
La verità è che è andata a cercare
un posto migliore da illuminare.
Un luogo di cui non rischiari i litigi,
un dove che la ascolti, senza pensieri grigi."
E poi piangerai:
"E le stelle? Dove sono finite le stelle?"
"Quei nei del cielo?
I punti troppo distanti troppo poco potenti?
Hanno chiuso gli occhi,
abbandonandosi all'arido freddo"

Dopo ritornerà il giorno
(che giorno non potrà dirsi)
ma ciò che vedrai
sarà un cielo roseo, debole, fioco.
"Anche il sole, non lo vedo più! Dov'è?"
"Lentamente si sta spegnendo"
"Se ne stanno andando tutti. Perché?"
"Eravamo troppo orgogliosi,
ci sentivamo potenti,
dicevamo che avremmo potuto fare ogni cosa da soli.
E soli siamo rimasti.

Soli e in guerra tra noi."

"Almeno la pace, lei c'è?
O la felicità? L'ottimismo? La tranquillità?
La dolce primavera, l'accontentarsi per le piccole
cose, il gioire per la prima fragola, il mare frizzante e
festoso, i grazie e i prego, la lealtà, la fiducia,
la voglia di andare avanti?"

"Sono sfumati via, tutti, troppo candidi,
troppo puri per
questo mondo avvelenato, lacrima dell'Universo."
E poi proverai a fare un profondo respiro,
con gli occhi velati
d'una patina luccicante e tremolante
e sussurrerai, con la tua vocina esitante:
"Mi sento abbandonata, fragile ... così è brutto,
perché non li hai convinti a restare, mamma?".

L'infinito a modo mio

Era cielo coperto da
un involucro di nubi.
Su, l'uovo in camicia
Immobile a contemplar
L'infinito lì vicino:

Nessun contorno a tratteggiar l'Universo,
nessuna linea a reggere il creato:
eravamo in balia di materia scura.

Meteoriti minacciavano collisione
Quando noi, ignari, eravam tranquilli sotto
Di loro; e stelle infuocate ardevano
Lampeggiando, a intermittenza si perdevan
in un immenso mare filato con la seta

Blu che era un incanto! Ma immaginando
cosa ci fosse oltre, mi sovvenne una vita
inquieta: meglio viverla com'è, sorridendo!

Porgendo la mano

Siamo ombre pugnalate da
una scheggia molle che un cuore pare,
normali esseri tra apparire e sembrare reclusi:
l'ego e occulta e ghermisce l'ossuta essenza.

Che la remota anima un'àncora richieda?
Dono, la negletta potrai disserrare?
Allora saranno i "grazie" nei favori racchiusi
a ritrovare l'altruista semenza?

Germoglia qualcosa.
La gratuita benevolenza sgretola
lo strido pungente amaro dell' "io",
che tra l'aria ombrosa
viene dimenticato, assieme al dono,
che, come una piuma,

non per ottenere ricompensa vagherà,
ma per seminare
e per far sollevare gli animi sbocciati.
Favore è carezza che non la mente
o la coscienza porgerà
gentilezza da esseri normali tra donare
e dimenticare congiunti, allacciati.

Ubiquità poetica

La poesia si annida,

Si annida nei soffici fiocchi di polvere
negli angoli reconditi della stanza
nei criptici anfratti tra mobili e muro

troneggia su scheletrici fili d'erba
si adagia sulle ali delle mosche
sulle squame dei tetti delle case di notte

s'incrosta sulle pietre delle strade
si posa sui cappelli dei passanti
s'infiltra nelle valigie delle stazioni ...

Dovunque aleggia un fondo di poesia:
è sufficiente un iride sensibile
per far emergere questa luce che tace,
che fluttua serena nell'essenza umana.

Candidi fiori
di Giorgio Magnani

Giorgio Magnani, iscritto all'Albo dei giornalisti-pubblicisti, scrive per il "Corriere Romagna" e altri periodici. Scrittore, autore di saggi e ricerche, tra cui i volumi *Longiano, storia, personaggi, cultura e pro loco* (2004) e *Dagli etruschi a don Sisto* (2016). Premiato nel 2006 al concorso *Cara Pace ti scrivo* a Cesena, nel 2010, 2015 e 2018 è giunto 1° classificato al concorso "Urgonautiche" dell›Associazione culturale Pro Rubicone, e più volte edito dall›associazione culturale "L›Ortica" di Forlì. Già presidente del Circolo didattico statale di Gambettola e presidente del Consiglio d›Istituto comprensivo statale di Longiano, nel 2006 ha ricevuto il Premio Rotary club per "intensa attività culturale". Nel 2012 è stato insignito dell'onorificenza di Cavaliere dell'Ordine "al merito della Repubblica italiana".

Correndo incontro alla morte

Correvi all'oscuro incontro alla morte,
non pensavi ti riservasse questo la sorte,
candido fiore in un lampo reciso
come lo schiocco di una frustata sul viso.
Una ferita eterna nei miei giorni,
piango per te che or più non torni.
Resta la malinconia nel mio cuore
e la tua presenza in me non muore.
Anzi tu hai salvato me in verità,
e ti stringo al cuore nelle difficoltà.

Cosa vale una vita?

Una barca con vite umane,
corpi straziati con lacrime vane,
avanzano come anime nell'inferno,
sull'acqua gelida dell'inverno.
Stoppato il barcone, sotto il grigio cielo,
con bimbi scheletrici coperti da un telo,
e mamme con disperazione forte,
li stringono per ripararli da triste sorte.
«Son migranti, sono una minaccia,
ci pensino altri e del problema si taccia!»
...abbiam scordato com'era da noi la guerra
che non risparmiava nulla sulla nostra terra?
La loro sofferenza è oramai senza un grido,
e noi indifferenti al caldo nel nostro nido ...
Davvero gireremo le spalle alla loro agonia,
pensando questa sia la migliore via?

Fessure
di Elena Cardona

Elena Cardona è una ragazza di 20 anni e frequenta il liceo scientifico.

Fin da quando era bambina ha maturato una capacità di sentire oltre l'apparenza, oltre ciò che le altre persone percepiscono, oltre ciò che lei stessa a volte è in grado di tollerare. Elena soffre del disturbo borderline di personalità e questa sensibilità le ha procurato profonda sofferenza, ma lei ha trovato nell'arte il modo per esprimere le sue mille emozioni: disegna, suona diversi strumenti, scrive poesie e testi di canzoni.

1

Sono un'artista moderna
scarabocchi rossi sulla pelle
perdo sangue come una cisterna rotta,
hai visto i miei occhi?
Sono specchio della sofferenza interna,
dentro di me l'angoscia governa,
ti racconto la mia vita e sbocchi verde,
qua è buio quasi come una caverna,
il tempo scandito dai rintocchi
del mio battito segna la morte eterna,
sono come una lanterna:
ti ustiono se mi tocchi.

2

Nuda, sdraiata nel letto bianco,
indosso solo la stanchezza,
non ci sei al mio fianco,
ho dormito in tutto un'ora e mezza,
vorrei sapere se ti manco
ti manco?
Da fuori entra della brezza
che mi fa tremare
o forse è l'insicurezza
che mi devasta dentro,
la consapevolezza di essere sola
ormai è una certezza,
dicono che il tempo
sia come l'ebbrezza:
ti fa scordare il passato
ma ciò che è stato mi spezza,
io ancora non l'ho dimenticato
e ogni giorno ho l'amarezza
in bocca quando sulla mia bocca
vorrei solo la dolcezza
delle tue labbra, le lacrime
sul viso sono l'unica carezza
che ricevo, che tristezza,

"sei una ragazza che non apprezza
quello che ha",
sono sul fondo, ma ho paura dell'altezza,
le tenebre sono la mia sicurezza,
almeno so che nel buio
non riuscirò a vederti, debolezza
la chiamano gli altri, per me
questa stanza nera è una salvezza.

3

Ore 2:40 ma per dormire è troppo presto,
seduta a terra sto scrivendo questo testo,
l'ansia ha richiesto
la mia attenzione, mi parla
ma io la detesto,
il battito accelera come in un arresto
cardiaco, lei mi ha chiesto
"per morire ti serve un pretesto?"
"hai visto cosa c'è in quel cesto?"
il dolore non va via, è indigesto,
così mi sono alzata e dal cesto
ho preso quella lama
"tuo padre non ti ama,
è un uomo disonesto"
grido, calpesto
il pavimento, protesto
STAI ZITTA
"lui non ti chiama,
non si è mai chiesto
come sta Elena?"
con un solo gesto
ho premuto il metallo sulla pelle,
da bianco è diventato rosso il pigiama,

il sangue scorreva lesto
mentre *"lui non ti ama"*
rimbombava nella mia testa,
sembrava la trama di un film
ma era solo un giorno qualunque questo,
l'ansia ancora esclama
"tuo padre è andato via, ma io resto".

4

Sono quella che dice "buongiorno"
e poi abbassa lo sguardo,
mi avevi promesso *torno*
ma non sei tornato, bastardo,
ora non ho nessuno intorno,
amarti è stato un azzardo
che ancora pago, giorno dopo giorno,
mi bombardo con i ricordi
mentre si è fatto mezzogiorno,
per pranzo? Un miliardo
di rimorsi e ansia per contorno,
sentire il tuo nome è un dardo
nel petto, vuota dentro e attorno
sono seduta al tavolo in soggiorno,
riguardo le nostre foto insieme,
urlo "bugiardo"
poi mi guardo un porno,
spero che sia solo un ritardo
ma so che il tuo non è un ritorno.

5

Vedi questo sorriso esterno,
rido e scherzo nell'intervallo
ahahah bevo, fumo e mi sballo,
un divertimento eterno,
ripeto "è okay" come un pappagallo
è okay
abbraccio tutti in modo fraterno,
gli altri mi dicono "fallo"
e accendo la musica e ballo,
è okay, qua io governo,
salgo sul piedistallo,
questo è il vivere moderno:
siamo ville vuote
nelle mani di uno sciacallo,
solitudine avvolta da un imballo
di felicità, risplendo come un cristallo
ma dentro ho l'inferno,
tu non lo vedi, piango davanti allo
specchio, di notte alterno
urla a silenzi, la morte ha lo stallo
in me, mi trapasso la pelle col metallo,
sorrido mentre scrivo sul mio quaderno
tutto il dolore che porto all'interno
è okay
questo è il mio inverno giallo.

6

Piangevo,
avevo in mano la tua rosa,
le spine mi laceravano la pelle
mentre lentamente scorreva copiosa
una scia di sofferenza ribelle
rossa, azzurra, dolorosa,
bruciava come bruciano le stelle,
io silenziosa
rimanevo ferma in posa
ricordando le tue carezze belle,
la nostalgia è velenosa
intossica più delle
droghe, uccide
più di qualsiasi altra cosa.

La luce dell'alba
di Davide Caputa

Davide Caputa nasce nel 1982 a Genova, dove risiede e lavora. Terminati gli studi, è oggi impiegato presso l'Ateneo genovese.
Scrive poesie, partecipando a diversi concorsi letterari nazionali ed internazionali. Tra I quali ultimi: Premio Enrico Sambuni XXV edizione, Città di Seregno (MB) 1° classificato; Premio Letterario Nazionale "Il Roncio d'Oro" Città di Ronciglione: 1° classificato. Le sue liriche sono presenti in raccolte, collane, antologie e blog sia con testi singoli che silloge. Studia *country line dance* e partecipa ad eventi e manifestazioni locali.
Volontario della Protezione Civile ha al suo attivo diversi interventi, sia a carattere locale che nazionale.
Curioso viaggiatore, ama la storia e la natura.

La Vigna

Una vigna rubiconda, filari vermigli
Invitano ad un luogo incantato
Dimentico i pensieri, perso nel profumo
Delle campagne e nel sole d'Agosto

Le foglie oscillano al vento
Custodiscono i grappoli
Rivelando il cielo

Guidato dai passeri che frullano
In mezzo ai vitigni, superando
Gli ultimi sprazzi d'Estate
Verrà l'Autunno

Il mosto gorgoglia nelle botti senza tempo
In Inverno si spillerà il vino
Nelle coppe traboccanti di ricordi lontani

Il Mare

Dimora di ciò che si è perso
E di ciò che non si è trovato
Custode di sogni infranti
E di lacrime versate

Concede ciò che è
Non ciò che si desidera
Purifica gli affanni
Sovrastandone il frastuono

Immagine d'infinito
Superficie scintillante
Oscura profondità
Attira e disperde i pensieri

Affascina ed intimorisce
Emoziona ed annienta
Dona energia
Attrae

Di fronte alla sua immensità
È fondamentale
Avere un sogno
Che valga la traversata

Sul tetto del mondo

Sulla vetta più alta
Oppure sull'orlo del precipizio
Alla ricerca degli spiriti celesti
Oppure in fuga dai demoni

Le grandi cattedrali della Terra
Sono maestri muti
Che preparano discepoli silenziosi
Ad intraprendere un cammino solitario

Verso se stessi, e lasciano
Impronte che il vento dissolve
Non tutti ci provano
In pochi ci riescono

Infiniti spazi e sconfinati silenzi
Una scuola aspra ma sincera
Dove l'anima si fonde con l'eterno
Scoprendo la propria essenza

L'uomo di fronte a se stesso
Nel bene e nel male
Nella libertà vibrante
Ritrova la serenità

E nell'ebrezza dei momenti
Vissuti isolati dal mondo
La gloria dell'altezza
Ammette qualunque follia

Occhi

Acque limpide e profonde
In cui perdersi
In cui ritrovarsi
Serene si specchiano nel cielo

Interpreti inconsce dell'anima
Ascoltandole
Si percepisce la loro vera voce
Acque silenziose

Cadono le foglie

Dolcemente
Un ultimo attimo
Di bellezza
Il terrore di marcire

Al suolo
Nella grazia del volo
Iridescenti come farfalle
Cadono le foglie

La luce dell'alba

Dopo aver percorso
i sentieri della notte
Il mondo trattiene il respiro
L'aurora sospesa

Custodisce segreti
da raccontare
La vita si sveglia
L'ombra è evanescente

Residuo di sogno
Principio di pensiero
La luce accompagna i desideri
alla realtà

La Brina

Fiammate di bianchi diamanti
Che il vento sparge d'Inverno
Magnifica lucentezza
Che ricopre il manto erboso

Gli istanti della notte
Cristallizzati nel candore abbagliante
Pensieri fragili
Sotto il cielo azzurro

Il Mandorlo

Primo a fiorire
Annuncia la Primavera
Sentinella solitaria
Trapunta di bianco
Il manto verde
Candido nell'abbagliante
Chiarore della luna piena

Nero Cipresso

La terra annega
Tra le lacrime
Radici marcite
Cipresso solitario
Nel silenzio sospeso

La Fontana

Dissetiamoci
Stanchi di apparire
Ciò che la gente
Si aspetta
Che siamo

Stille trasparenti
Sgorgano
Lavando via
Ciò che abbiamo
Creduto di essere

Purifichiamoci
Diventando
Ciò che siamo

***Immaginare
oltre il confine***
di Federica Toppi

Federica Toppi nasce nel 1984 a Rho (Mi). Si laurea in Psicologia Clinica presso l'Università degli Studi di Pavia nel febbraio 2010 con "Arte e psicanalisi" come tesi. In questo periodo nasce l'interesse per la poesia. Da qui Federica scrive componimenti principalmente legati al disagio della società e all'individuo di conseguenza. Partecipa nell'inverno 2019 al concorso "Il paese della Poesia" e, selezionata insieme ad autori di altre poesie, pubblica in *Il Paese della Poesia* (Editore Aletti) il componimento "Terra-cielo". Lavora come educatrice di sostegno all'handicap e come educatrice di supporto alle famiglie fragili dal 2011 al 2018. Attualmente svolge la professione di educatrice in una Comunità mamma-bambino.

Diavoli in paradiso

Tra sogni dolci anche
i diavoli più ribelli
si recano in paradiso e
tra nuvole paffute
i sorrisi tornano,
gli amori sbocciano
con semplicità

Calore nel cammino

Persa tra le stelle luccicanti
di notte,
la gatta ritrova la strada
verso la sua dolce casa,
il suo camino e il suo calore
ridanno valore ad un percorso
pieno di terrore

Respiro

Il cuore caldo brucia per il
troppo celare,
il grande respiro si apre
di fronte a questo mare

Tenerezza

Danzando sotto la pioggia,
il sapore del sole scompare
per lasciare spazio
al ritorno di un fantastico
bagno di tenerezza

Sognatore

Grazie all'alba del più
bel giorno passato con te
ritorno nella mia casa,
il legno, il dono di un amore
fanno di me un sognatore,
con dolore rimpiango il
mio tepore e il mio rigore
lo cedo a chi di battaglie
ne deve ancora affrontare

Fuoco oltre le maschere

Solo tra le maschere il
mio cuore prende velocità,
il battito aumenta per il
troppo celare,
il fuoco mi assale senza
farmi respirare